VIE
DE
SAINT QUENTIN.

D'APRÈS UN MANUSCRIT
CONSERVÉ AUX ARCHIVES DE L'ÉGLISE DE SAINT-QUENTIN,
A LOUVAIN,

PAR

ADOLPHE EVERAERTS,

AUTEUR DE LA MONOGRAPHIE DE L'HÔTEL DE VILLE DE LOUVAIN, ETC.

LEVEN
VAN DEN
H. QUINTINUS.

NAAR EEN HANDSCHRIFT BEWAARD
IN DE ARCHIVEN VAN DE KERK VAN DEN H. QUINTINUS,
TE LOVEN,

DOOR

ADOLPHUS EVERAERTS,

OPSTELLER DER BESCHRIJVING VAN HET STADHUIS VAN LOVEN, ENZ.

LOUVAIN,
TYPOGRAPHIE DE CH. PEETERS.

AVANT-PROPOS.

—

L'église de Saint-Quentin de Louvain possède aujourd'hui encore, sur la vie et le martyre de son glorieux patron, un manuscrit des plus précieux et par son antiquité et par la naïveté et l'originalité des dessins qu'il renferme. Les détails sont loin d'être corrects et une main peu habile les a retouchés; comme cela se faisait à cette époque, les lois de la perspective n'y sont pas gardées. Saint Quentin est constamment représenté comme un beau jeune homme ayant une belle chevelure et la tête entourée d'une nimbe double; ses pieds sont nus, sans doute pour montrer son humilité. Il se pourrait que cette œuvre, faite seulement à grands traits, n'était qu'une esquisse destinée à une peinture murale; mais, telle qu'elle est, elle mérite d'attirer l'attention des artistes et des archéologues.

Ce manuscrit, complaisamment mis à ma disposition par le Révérend Monsieur Vanhoochten, curé de la paroisse, est écrit et dessiné, aux environs de 1300, sur parchemin de 17 centimètres de hauteur et de huit mètres de longueur. Ne pouvant le reproduire sous une forme si incommode, je l'ai divisé en 34 tableaux fidèlement copiés sur les modèles dont le texte primitif figure dans la première colonne; la seconde colonne en donne un commentaire et la troisième une explication flamande.

AD. EV.

Louvain, septembre 1874.

VOORBERIGT.

—

De kerk van den heiligen Quintinus, te Leuven, bezit heden nog over het leven en den marteldood van haren gelukzaligen beschermheilige een handschrift zeer kostbaar zoo wel door zijne oudheid als door de eenvoudigheid en de oorspronkelijkheid van de teekeningen die er zich in bevinden. De bijzonderheden zijn verre van nauwkeurig te zijn en eene weinig bekwame hand heeft dezelve overzien; zoo als het in dien tijd gebeurde, de regels van de vergezichtkunde zijn er niet waargenomen. De heilige Quintinus is altoos als schoone jongeling afgebeeld, met schoon hoofdhaar en het hoofd met eenen dubbelen krans omringd. Zijne voeten zijn bloot, voorzeker om zijne ootmoedigheid te bewijzen. Het is mogelijk dat dit werk, alleenlijk door lange trekken gemaakt, maar eene schets, tot muurschildering bestemd, was; doch, gelijk het bestaat, verdient het de aandacht der kunstenaars en der oudheidskenners uit te lokken.

Dit handschrift, gedienstig door den eerwaarden Heer Vanhoochten, pastoor van de parochie, ter mijner beschikking gesteld, is geschreven en geteekend omtrent 1300, op perkament van 17 centimeters breedte en acht meters lengte. Onder zulk eenen ongemakkelijken vorm hetzelve niet kunnende navolgen, heb ik het verdeeld in 34 afbeeldingen getrouwelijk gemaakt naar de voorbeelden waarvan zich de oorspronkelijke opschriften in de eerste kolom bevinden; de tweede geeft er de ontwikkeling van en de derde is een vlaamsche uitleg.

AD. EV.

Leuven, september 1874.

TEXTE PRIMITIF.

1. *Roume. — S. Riules. — S. Pias. — S. Fusciens. — S. Victorices. — S. Eugeniens. — S. Marciaris.*

Au temps de Dioclytien et aussi de Maximien empereur partirent de Roume. S. Quentins. et li saint dont nome. les nons chi dessus li escris.

2. *S. Valeriens. — S. Ruffins. — S. Crepiniens. — S. Crepins. — S. Luciens. — S. Quentins. — Amiens.*

Ainsi com les vees escris. Se vint. S. Quentins adnonchier. A amiens. no foy. et preschier.

3. *Nous avoumes che fol trouve. Contre nos diex preschant trouve. — Di q[r] tes. dont es et ten non. — Fiex sui du senateur Zenon. Quentins ai non et si fui nes. A roume.*

COMMENTAIRE.

Sous le règne des empereurs Dioclétien et Maximien (de 284 à 305) les chrétiens eurent à souffrir une cruelle persécution, c'était la dixième regardée comme la plus atroce. Le bienheureux Quentin et saint Lucien vinrent de Rome dans les Gaules. Ils étaient accompagnés des SS. Rieul, Piat, Fuscien, Victorice, Eugène, Marcel, Valère, Rufin, Crépinien et Crépin.

— S. Quentin se détermina pour Amiens, S. Lucien se rendit à Beauvais, Rieul à Senlis, Piat à Tournai, Fuscien et Victorice à Térouanne, Valère et Rufin à Reims, Crépin et Crépinien à Soissons et Eugène et Marcelle à d'autres localités de la Gaule.

— Rictiovare, nommé préfet des Gaules, arriva à Amiens, ordonna de saisir Quentin, le fit conduire dans la salle du conseil et l'interrogea. — Qui es-tu? d'où viens-tu? quel est ton nom? Je suis fils du sénateur Zenon, Quentin est mon nom et je suis né à Rome.

UITLEG.

Onder de regering van de keizers Diocletianus en Maximianus (van 284 tot 305) hadden de Christenen eene wreede vervolging te onderstaan; het was de tiende aanzien als de gruwelijkste. De gelukzalige Quintinus en de heilige Lucianus kwamen van Rome naar oud-Frankrijk. Zij waren vergezeld der heiligen Riulus, Piat, Fuscianus, Victorius, Eugenius, Marcellus, Valerius, Rufius, Crispianus en Crispinus.

— H. Quintinus besloot zich voor Amiens; H. Lucianus trok naar Beauvais, Riulus naar Senlis, Piat naar Doornik, Fuscianus en Victorius naar Thérouanne, Valerius en Rufinus naar Reims, Crispinus en Crispianus naar Soissons en Eugenius en Marcellus naar andere plaatsen van oud-Frankrijk.

— Rictiovarus landvoogd genoemd van oud-Frankrijk, tot Amiens aangekomen, beval Quintinus aan te houden. — Wie zijt gij? van waar komt gij? en hoe is uw naam? — Ik ben de zoon van den raadsheer Zeno, Quintinus is mijn naam en ik ben geboortig van Rome.

4. *En prison lenmenes.*

5. *Rictiovaire je te dis. Tes Diex ne prise ne tes dis.*

6. *Sire par gries tourmens abatre. Nous fait quentins que faites batre.*

7. *Metes le tost en chartre obscure. si ne soit qui ait delui cure.*

8. *Quentin is hors close la porte. Et en le cité te transporte. Issus es de prison fremée.*

9. *Or soit la gent bien confremée .p. toi en la sainte créance. — Aies en Jhesucrist fiance. et recheves devotement. Baptesme pour vo sauvement.*

10. *La chartre close est escapes. Quentins plus niert de nous hapes.*

— Irrité de la fermeté de Quentin, le préfet le fit mener en prison.

— Interrogé de nouveau, Quentin répondit avec la même intrépidité. Le préfet donna ordre de le flageller.

— Les bourreaux se sentirent eux-mêmes si cruellement tourmentés qu'ils conjurèrent Rictiovare de vouloir les secourir.

— Le préfet, de plus en plus furieux, fit traîner le martyr dans un réduit obscur et défendit de lui donner le moindre soin.

— Pendant la nuit un ange apparut à Quentin, le fit lever et le conduisit à travers les gardes au lieu que le Seigneur avait désigné.

— De toutes parts le peuple accourt pour entendre les paroles de l'Apôtre; non-seulement un grand nombre de citadins, mais les gardes de la prison eux-mêmes se convertirent.

— Rictiovare, que cette délivrance miraculeuse avait courroucé à l'excès, fait comparaître de nouveau Quentin devant lui.

— Vergramd over de standvastigheid van Quintinus, doet de landvoogd hem naar de gevangenis leiden.

— Op nieuw ondervraagd, antwoordde Quintinus aan Rictiovarus : « Ik heb geene achting noch voor uwe goden noch voor uwe bevelen. » De landvoogd gebood dan Quintinus te geeselen.

— De beulen gevoelden zich zelf zoodanig gepijnigd dat zij Rictiovarus om hulp smeekten.

— De landvoogd doet hem terstond in een donkeren kerker zetten en verbiedt voor hem de minste zorg te dragen.

— Een engel verscheen in den nacht, deed Quintinus opstaan en leidde hem door de wachten en de gesloten deuren naar de plaats welke de Heer had aangewezen.

— Het volk kwam van alle kanten toegestroomd om den Apostel aan te hooren, en, niet alleenlijk een groot getal burgers, maar zelfs de wachten van den kerker, bekeerden zich.

— Rictiovarus deze wonderlijke verlossing vernemende, wordt ten hoogste vergramd en doet op nieuw Quintinus voor hem komen.

11. *Croi no diex homs de grant nobleche rendre te ferai ta riqueche. Je nai cure des temporeles. Riqueches pour les eterneles. Tourmentes le cest mes acors.*	— Voyant que les menaces restaient sans effet, Rictiovare essaie de le gagner par des paroles flatteuses. Il lui promet l'opulence et les plus grands honneurs.	— « Geloof in onze goden, zegt Rictiovarus, en gij zult groote rijkdommen ontvangen en de hoogste eerbewijzingen verkrijgen. »
12. *Desseures li les bras du cors. Après de restiaus acheres. toute sechar depecheres. Oile poic et craisse boulant. Li faites sur le dos coulant.*	— Quentin restant inébranlable, le préfet mit en œuvre toutes sortes de tortures.	— Quintinus onbeweeglijk blijvende, doet de landvoogd hem de armen van het lijf trekken, geheel zijn vleesch met scherpe haken verscheuren en kokende olie, pek en vet op zijnen rug gieten.
13. *Et pour lui vaintre outrement. Leuflameres crueusement. Ti tourment fiex diniquité. Ne me font ment de adversité.*	— L'application de torches ardentes ne causa aucune souffrance au martyr. Rictiovare au comble de la fureur, enchérit encore sur ses premières cruautés.	— En om hem meer te overwinnen, brandde men hem wreedelijk. « Al uwe martelingen, zegt Quintinus, doen mij geen kwaad. » Rictiovarus, vol woede, beval nieuwe wreedheden.
14. *Fai li che buvrage avaler. parquoy jamais ne pusst parler. — Vrais diex com miel est a ma bouche. ta parolle souef et douche.*	— Ce breuvage composé de chaux, de vinaigre et de moutarde, ne produisit aucun effet funeste.	— Om hem het spreken te beletten, deed hij hem eenen drank van kalk, azijn en mostaard gemaakt, inslikken; doch dit bleef zonder uitwerksel.
15. *Par mes diex loier te ferai. et a roume tenvoierai.*	— Les chrétiens ainsi envoyés dans la capitale, étaient destinés au cirque et dévorés par les bêtes féroces.	— « Door mijne goden, riep de landvoogd, ik zal u doen binden en naar Rome zenden. » Zij die in zulken staat naar de hoofdstad gingen, waren bestemd om door de wilde dieren verscheurd te worden.
16. *De grans kaines ou col loyes. En*	— Le cou chargé de lourdes chaînes, saint Quentin	— Quintinus, den hals met zware ketenen geladen, stapt zeer

va quentins. feurs en soyes. — Ceste chemise me donnes, moult volentiers sire tenes.

17. *Qui vous bailla tele chemise. — Uns sains homs qui no loy peu prise. — Seigneur rendes moy cesaint homme. nous le menrons anchois a Romme.*

18. *Rictiovaires chi menvoie. dire que plus nales le voie. Mais welt que vous fache manoir. En aouste ou noble manoir.*

19. *Encor te pri que sacrifies. A nos diex et en yaus te fies. — Saches je ne mi fierai. et point ni sacrefierai.*

20. *Fevres fai bon feu en la forge. . II . graus pels et . X . claus tost forge.*

21. *Frapes. ches pels dusques as cuisses.*

22. *Et pour lui faire plus danguisses. En chascun doit . I . clau feres. car je well q il soit feres. pour monstrer a tous les cres-*

s'en va joyeusement. — Donne-moi cette chemise? très-volontiers, sire, tiens.

— Qui vous a donné cette chemise? Un saint homme qui respecte peu nos lois.

— Rictiovare donna l'ordre de s'arrêter à Augusta ou noble manoir. — *Augusta Vermandorum* ou capitale des *Vermandais*, est devenue la ville actuelle de *Saint-Quentin*.

— Rictiovare, arrivé le lendemain, s'efforça de nouveau à faire apostasier Quentin.

— Le préfet, voyant que ses menaces ne faisaient qu'affermir Quentin dans sa foi, donna l'ordre barbare de forger dix clous et deux pieux.

— Les pieux furent enfoncés dans les épaules.

— Puis un clou à chaque doigt. Rictiovare fit exécuter ce cruel supplice pour effrayer les autres chrétiens.

vrolijk voort. — Geef mij dit hemd? — Zeer gaarne, neem.

— Wie heeft u dit hemd gegeven? Een heilige man die onze wetten weinig prijst. — Heer, geef mij dien heiligen man weder, wij zullen hem nog naar Rome leiden.

— Rictiovarus doet zeggen hem te wachten in de edele woonplaats genaamd *Augusta* (de tegenwoordige stad *Saint-Quentin*, in Frankrijk).

— Daar aangekomen, verzoekt hij hem nog eens aan hunne goden te offeren en in hen te gelooven. Quintinus weigerde nogmaals.

— Smid, maak goed vuur in uwen oven en smeedt aanstonds twee groote palen en tien nagelen.

— Sla deze palen tot aan zijne dijen.

— En om hem meer te pijnigen, sla hem in elken vinger eenen nagel, want ik wil hem gespit hebben, ten einde aan alle christenen te betoonen hoe zeer ik hen voor mijne vrienden houd.

tiens. Combien pour mes amis les tiens.

23. *Quentin sur kaines haut leves. Ainsi sire comme vous le ves. — Et après li caupes le chief. Par quoy de lui je viegne a chief.*

24. *Dous Jhesucris en ta ballie. Rechoif lame que mas ballie.—En lan . XXVIII. .&.CCC. li tres glorieus innocens .&. S. Quentins souffri passion. &.rechut decollation. Se fist diex du col le martir. lame com blanc coulon partir.*

25. *Jetes ce cors en ceste some bien est heure du premier some. — Quier un lieu Aouste apelle. dencoste soume ou chemin le. Qui va damiens a loon droit.*

26. *Iras en liaue. la endroit. le q' ef. S. Quentin trouveras. Et ta veue raueras.*

— Le préfet le fit pendre à de grandes chaînes, et puis, sur le conseil de Sévère Honoré, le condamna à avoir la tête tranchée.

— Arrivé au lieu de son sacrifice, Quentin demanda de pouvoir prier un instant, puis il présenta le cou aux exécuteurs en disant : « Faites maintenant ce qui vous êtes ordonné. » Son âme s'éleva au ciel comme une blanche colombe.

— Eusébie, noble dame romaine, aveugle depuis neuf ans, ne cessait de prier pour obtenir sa guérison. Une nuit, le Seigneur lui dit : « Votre prière sera exaucée, allez dans les Gaules sur les bords de la Somme près du chemin qui va d'Amiens à Laon. »

— Cette vision s'étant renouvelée plusieurs fois, Eusébie, portée sur un modeste char, prend le chemin que l'ange lui a désigné. Arrivée sur les lieux, un vieillard nommé Eraclien lui montre l'endroit où repose le corps du martyr.

— Hang Quintinus aan ketenen, Heer, zoo als u ziet, en snijd hem daarna het hoofd af, waardoor ik wil met hem eindigen.

— Goede Jesus-Christus, ontvang in uw rijk de ziel die gij mij hebt gegeven. — In het jaar 328 is de zeer gelukzalige onschuldige Quintinus martelaar geworden en onthoofd. God deed de ziel als eene witte duif uit den hals van den martelaar vliegen.

— Werp dit lichaam in deze *somme*, hij is gelukkig van den eersten slaap. — De Heer zegt aan Eusebia, eene edele romeinsche vrouw, sedert negen jaren blind : zoek eene plaats genaamd *Augusta*, op den kant van de Somme, aan den weg die recht van Amiens naar Laon gaat.

— Gij zult daar in het water gaan, gij zult het hoofd van den heiligen Quintinus vinden en gij zult het gezicht weder krijgen. — Eusebia vertrekt op een' eenvoudigen wagen, en Eraclianus, een grijsaard, toont haar de plaats waar het lichaam van den martelaar rust.

27. *Loes soit diex quant jai trouve. Le martir que li ai rouve.*	— Le corps et la tête du saint se soulevèrent du fond des eaux et flottèrent à la portée de la vénérable Eusébie.	— God zij geloofd, want ik heb den martelaar dien ik aangeroepen had gevonden.
28. *On ne puet che saint corps tant poise . de chi remouvoir dont me poise.*	— On essaya plusieurs fois d'avancer, mais toujours en vain.	— Het lijk was zoo zwaar dat het onmogelijk was hetzelve voort te dragen. Eusebia was er bedroefd over.
29. *Li bons diex welt certainement.Quil ait chi son enterement. Vene et sancterrai dieu merchi. Pour son ami enterer chi.*	— Eusébie fit ensevelir respectueusement le corps en cet endroit et y fit bâtir une petite chapelle.	— God wil zekerlijk dat hij hier begraven worde. Kom en loven wij God omdat hij zijnen vriend hier heeft doen begraven.
30. *Saint Quentin ai quis par outrage. Se meurs plains de vers et de rage.*	— Saint Eloi, évêque de Noyon, ayant résolu de se mettre à la recherche des reliques de saint Quentin, dont on avait perdu les traces, un homme appelé Maurin se vanta hautement de les trouver. Mais, au premier coup de bêche, l'instrument lui demeura collé aux mains et les vers fourmillèrent dans sa chaire en putréfaction.	— De heilige Eligius, bisschop van Noyon, besloten hebbende het lijk van den heiligen Quintinus, waar men het spoor van verloren had, te zoeken, roemde zich stoutelijk een man, met name Maurinus, het te vinden. Maar op den eersten houw van de spade bleef het werktuig aan zijne handen plakken, en de wormen krielden in zijn vleesch vol verrotting.
31. *En junant à dieu requerons. Que nous envoist ce que querons.*	— Saint Eloi se mit à l'œuvre, mais ne découvrant rien, ses aides, effrayés de la punition de Maurin, refusèrent de continuer les fouilles. L'évêque ordonna un jeûne de trois jours et fit vœu de ne prendre aucune nourriture jusqu'à ce qu'il eût mérité de voir sa prière exaucée.	— De heilige Eligius stelde zich in het werk, doch niets ontdekkende, weigerden zijne door de straf van Maurinus verschrikte helpers de opgraving voort te zetten. De bisschop beval dan een vasten van drie dagen, en deed de beloften niets te eten vóór hij verdiend had zijn gebed verhoord te zien.

32. *L'an de grasce.VII. et VIII. Fu en jenvier le tierche nuit.S.Quentins troures si aiunt. de se tombe grans claries vint. Qui la nuit tourble enlumina. Com si fust jours et puis fina.*

33. *Aveuc che un autre haut signe. Monstra diex car du. S. Cors digne.*

34. *Issi une doucheurs. et sans.du dent et adont li puissans. Confes sains Eloys noblement. Le mist en fiertre saintement derrier lautel. U fu lonc tamps. Apres en lan.XXVIII.ans.MI.CCC.&.II.jours en may. Que pluiseur furent en esmay. pour guerres en le viese eglise. Esleves fu a grant devise. et puis passes ans.XX. .&. .IX. de cely en lounage mief. Sicom lescripture ramembre. Le secont jour droit de septembre Sains loeys la translation en fist p sa devotion. ou lieu leur il est maintenant.Prions li que se maintenant.Ait a se ville pour garder. Et welle en pité re-*

— La troisième nuit allait s'écouler dans d'inutiles recherches, lorsque Eloi, saisissant lui-même la bêche, donna quelques coups qui mirent la tombe à découvert. C'était le 3 janvier 708. Une grande clarté sortit de la tombe comme s'il fut jour.

— Dieu fit encore d'autres miracles.

— Il s'éleva de la tombe un doux parfum et du sang sortit d'une dent. Saint Eloi enveloppa ces précieuses reliques dans une belle étoffe de soie et les déposa dans une châsse d'or façonnée de ses propres mains et la plaça derrière l'autel où elle resta longtemps.

Le 2 mai 1228, pendant les calamités de la guerre, elle fut placée en grande pompe dans la vieille église. Et puis 29 ans après (1257), le 2 septembre, saint Louis en fit dévotement la translation dans le lieu où elle se trouve maintenant. Prions qu'il prenne la ville sous sa protection et qu'il ait compassion de tous ceux qui

— In 't jaar ons Heeren 708, den derden nacht van januari, werd de heilige Quintinus gevonden; uit zijn graf kwam eene groote klaarheid die, als ware het dag, den donkeren nacht verlichtte en daarna ophield.

— God vertoonde zich nog door andere groote mirakelen.

— Een aangename geur kwam uit het graf en bloed vloeide uit eenen tand. De heilige Eligius sloot de reliquieën in eene gouden kast, door zijne eigene handen gemaakt, en plaatste ze achter het altaar waar ze langen tijd verbleef.

Daarna, den 2 mei 1228, gedurende de onlusten des oorlogs, in de nieuwe kerk gesteld. En dan, negen en twintig jaren later, den tweeden september, bracht de heilige Lodewijk godvruchtiglijk de reliquieën over naar de plaats waar ze heden nog berusten. Laat ons bidden dat hij zijne stad bescherme, dat hij medelijden hebbe met al degenen die zijne Kerk zullen bemin-

garder. Tous chiaus qui seglise. Ameront. Et ses droitures garderont. p. quoy puissent avoir le regne ou touce joie maint .&. règne.

Amen.

aimeront son église et observeront ses lois, et mériteront ainsi le royaume où règne la joie et le bonheur.

Ainsi soit-il.

nen en hare wetten volgen, en daardoor verdienen het rijk waar alle vreugde berust en heerscht.

Dat het zoo zij.

L'invention de Saint-Quentin se célèbre encore très-solennellement le 3 janvier dans son église et est appelée l'*Allumerie*, parce que l'on y allume un grand nombre de cierges.

La cellule de sainte Eusébie est devenue cette magnifique cathédrale gothique qui, avec l'hôtel de ville, sont les deux seuls monuments que la vieille cité du *Vermandais*, actuellement *Saint-Quentin*, montre avec orgueil à la curiosité des étrangers.

A Louvain, du 24 au 31 octobre, l'église de Saint-Quentin célèbre avec éclat et au milieu d'un grand concours de pèlerins, la fête de son glorieux Patron auquel on a recours contre l'hydropisie, les maladies des enfants, les convulsions, les maux des doigts, le panaris, etc.

De vinding van den H. Quintinus wordt nog plechtiglijk gevierd, den 3 januarij, in zijn kerk, en is genaamd *Aanstekerij*, omdat er vele waskaarsen aangestoken worden.

De cel van de H. Eusebia is de prachtige gothische hoofdkerk geworden, die, met het stadhuis, de twee eenige gedenkstukken welke de oude stad van *Vermandais*, de tegenwoordige *Saint-Quentin*, met edelmoedigheid aan de nieuwsgierigheid der vreemdelingen toont,

Te Leuven, van den 24 tot den 31 october, viert men in de kerk van den heiligen Quintinus, met veel luister onder eenen grooten toeloop van bedevaarders, den feestdag van haren geroemden Patroon tot denwelken men zijne toevlucht neemt tegen de waterzucht, de kinderziekten, de stuipen, de vingerkwalen, het fijt, en zoo voorts.

I.

Roume.
S. Rufes. S. pias. S. fusciens. S. victoires. S. Augenciens. S. marciaus.
Au tems de dyocletien et aussi de maximien. Empereur. partirent de roume. S. Quentins et li saint dont nôme. les nons chi dessus li escris.

Ad. Ev. del.

11.

S. valeriens. S. Ruffins. S. crepiniens. S. crepins. S. luciens. S. Quentins.
Amiens.
Ainsi com les vers escris. Se vint S. Quentins adnonchier. A amiens no foy. et preschier.

III.

Nous auoumes che fol troue. Contre nos diex preschant troue.

Di q̃ tes. dont es et ten non. fiex fui du senateur zenon. Quentius ai non et si fui nes a roume.

Ad. Ev. del.

IV.

Ad. Ev. del.

V.

Rictionaire ie te dis. Tes diex ne prise ne tes dis.

A.D. Ev. del.

VI.

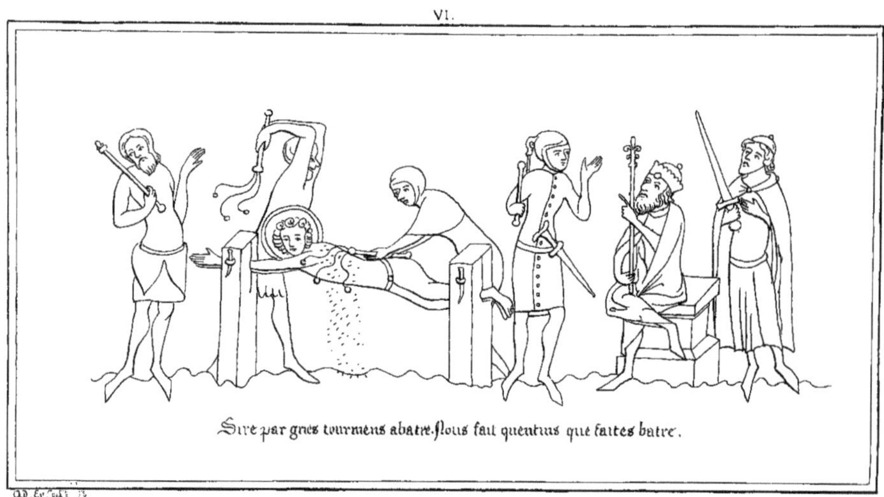

Sire par gries tourmens abatre. Nous fait quentins que faites batre.

Ad. Er. del.

VII.

Metes le tost en chartre obscure · si ne soit qui ait delui cure.

Ad. Ev. del.

VIII.

Quentin is hors close la porte. Et en le cite te transporte. Jesus es de prison fremee.

IX.

Oz soit la gent bien confremee. p toi en la sainte creance. Aies en Jhesucrist fiance. et recheues devotement. Baptesme pour to sauvement.
Ad. Gr. del.

X.

La chartre close est escapes. Quentins plus nert de nous hapes.

Ad. Er. del.

XI.

Croi no dieu homs de grant nobleche rendre te ferai ta riqeche. Je nai cure des temporeles.
Riqueches pour les eterneles. Tourmentes le cest mes acors. Desseures li les bras du cors.

Ad. Gv. del.

XII.

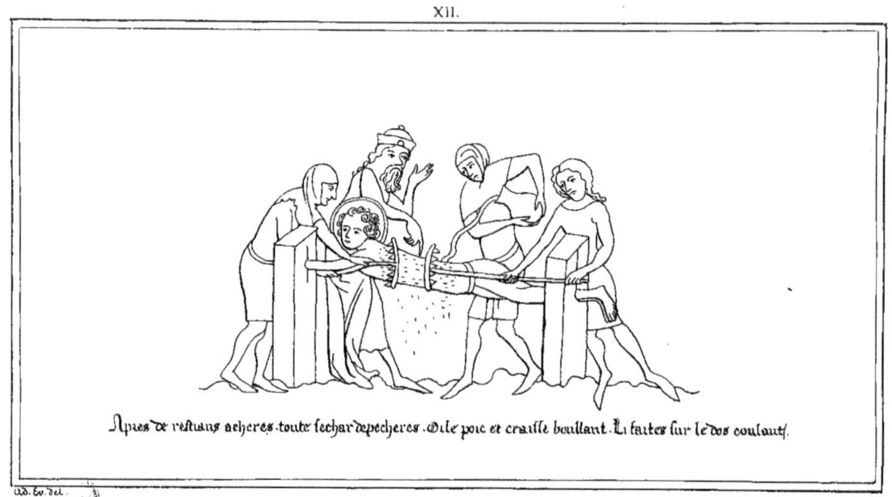

Apres de restuans acheres. toute se char depecheres. Oile poie et craisse boullant. Li faites sur le dos coulant.

Ad. Ev. del.

XIII.

Ad. Ev. del.

XIV.

Fai li che buvrage avaler. p̄ quoy iamais ne puist parler. Biaus diex com miel est a ma bouche. ta parolle souef et douche.

Ad. Lv. del.

XV.
Par mes diex loier te ferai. et a roume tenuoierai.
Ad. Ev. del.

XVI.

De grans kaines ou col loyes · En va quentins · leurs en loyes · Ceste chemise me donnes · Moult wlentiers sire tenes ·

A.D. Ev. del.

XVII.

Qui vous bailla tele chemise· Uns sains homs qui no loy peu prise. — Seigneur rendes moy ce saint hōme· nous le menrons anchois a rōme.

Ad. Ew. del.

XVIII.

Rictiouaires chi menuoie·dire que plus nales le voie·mais welt que vous fache manoir·En aouste ou noble manoir·

Ad. Ev. del.

XIX.

Encor te pri que sacrefies. A nos diex et en pais te fies. Saches ie ne m'i fierai. et point n'i sacrefierai.

Ad. Ev. del.

XX.

Feures fai bon feu en ta forge. ij. grans pels et .x. claus tost forge.

Ad. Ev. del.

XXI.

Frapes. ches pels dusques as cuisses. et pour lui faire plus dangui[s]ses.

Ad. Ev. del.

XXII.

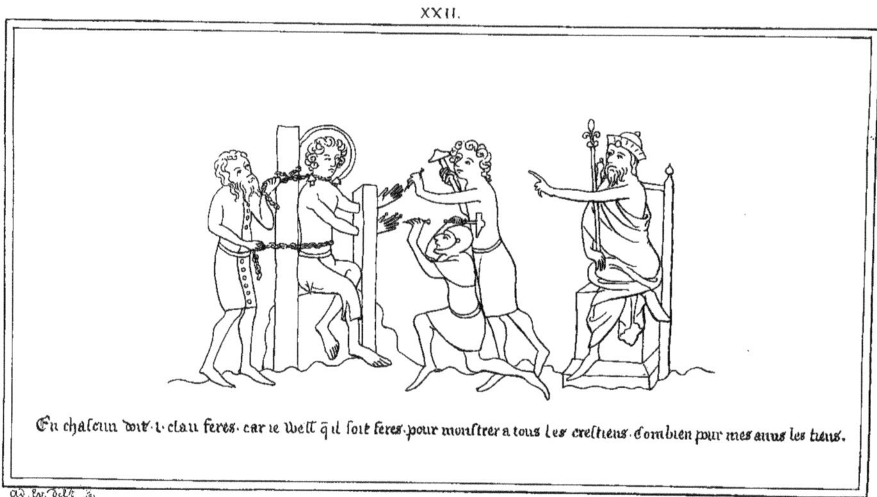

En chascun doit .i. clau feres. car ie uelt q̄ il soit feres. pour monstrer a tous les crestiens. combien pour mes anus les tiens.

Ad. Ev. delt.

XXIII.

Quentin sur Raines haut leues. Ainsi sire com vous le ves. Et apres li caupes le chief. Par quoy de lui ie viegne a chief.

Ad. Ev. del.

XXIV.

Ad. Ev. del.

XXV.

Jetes ce cors en ceste sôine. bien est heure du prumier sôine. Quier un lieu Aouste apellé. Dencoste soume ou chemin le. Qui va damiens a loon droit.

Ad. Ev. del.

XXVI.

Ad. Ev. del.

XXVII.

Loes soit diex quant iai trouve. Le martir que li ai ronue.

Ad. Ev. del.

XXVIII.

On ne puet che saint cors tant poise : de chi remouvoir dont me poise.

Ad. Ev. del.

XXIX.

Ad. Lo. del.

XXX.

Saint quentin ai quis par outrage. Se muires plains de vers et de rage.

Ad. Ev. del

XXXI.

En uiuant a dieu requerons. Que nous enuoist ce que querons.

Ad. Ev. Del.

XXXII.

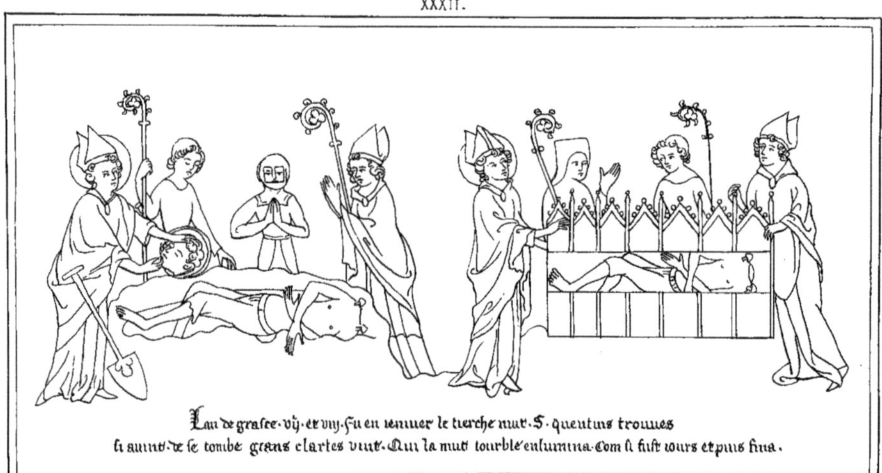

Lan de grasce · vij · et viij · fu en ienuier le tierche nuit · S · quentins trouues
li saints · de se tombe grans clartes vint · Qui la nuit tourble enlumina · Com si fust iours et plus fina .

Ad. Ev. del.

XXXIII.

Ad. Ev. del.

XXXIV.

Jssi vint doucheurs et sans du dent et adont li puissans. Confes sains eloys noblement.
Le mist en fiertre saintement derrier lautel. v fu lonc tamps. Apres en lan .xxviij. ans.
Mil. z. cc. ij. iours en may. que pluiseur furent en esmay. pour guerres en le viese eglise.
Esleues fu a grant deuise. et puis passes ans .xx. z. ix. de cely en lonnage nuef.
Sicom lescripture ramembre. le secont iour droit de septembre. Sains loeys la translation
En fist p sa deuotion. ou lieu leur il est maintenant. prions li que se maintenant.
Ait a se ville pour garder. Et welle en pite regarder. Tous chiaus qui leglise ameront.
Et les droitures garderont. p quoy puissent auoir le regne. ou touce ioie maint z regne.

Amen.

Ad. Ev. del.

www.ingramcontent.com/pod-product-compliance
Ingram Content Group UK Ltd.
Pitfield, Milton Keynes, MK11 3LW, UK
UKHW020956220726
13924UKWH00002B/726

9 782019 202477